NARUTO

masashi kishimoto

3

KAKASHI

HAKU

ZABUZA

TAZUNA

EN COMPAGNIE DE SASUKE ET DE SAKURA, NARUTO, LE PIRE GARNEMENT DE L'ÉCOLE DES NINJAS DU VILLAGE CACHÉ DE KONOHA, RÉUSSIT AVEC BRIO LE TEST DE SURVIE IMPOSÉ PAR MAÎTRE KAKASHI. À PRÉSENT, LES TROIS JEUNES GENS FORMENT UNE VRAIE ÉQUIPE, MAIS ILS NE SONT ENCORE QUE DES NINJAS DE RANG INFÉRIEUR.

LEUR PREMIÈRE MISSION EST D'ESCORTER TAZUNA JUSQUE DANS SON PAYS: NAMI NO KUNI. TAZUNA EST UN ARTISAN DONT LA SPÉCIALITÉ EST LA CONSTRUCTION DE PONTS, ET SA VIE EST EN DANGER: UN INDUSTRIEL PEU SCRUPULEUX, DÉNOMMÉ GATÔ, A ENVOYÉ DES ASSASSINS À SA POURSUITE. À PEINE NOS AMIS SONT-ILS ARRIVÉS DANS LE PAYS DE NAMI NO KUNI, QUE SURGIT ZABUZA, UN NINJA DÉSERTEUR DU VILLAGE DE KIRI, ENVOYÉ PAR GATÔ. KAKASHI PARVIENT À LE TERRASSER GRÂCE À SON SHARINGAN, QUAND, TOUT À COUP, UN ÉTRANGE GARÇON AU VISAGE MASQUÉ FAIT SON APPARITION ET TUE ZABUZA. MAIS, EN RÉALITÉ, CE GARÇON EST UN COMPLICE DU NINJA DÉSERTEUR ET N'A FAIT QUE LE METTRE EN LÉTHARGIE...

POUR PRÉPARER NARUTO ET SES COMPAGNONS À UN NOUVEAU COMBAT, KAKASHI LEUR PROPOSE UN ENTRAÎNEMENT!

sommaire

SANS LES MAINS ? MAIS ALORS, COMMENT ...?

WOW! ÇA A L'AIR MARRANT, ÇA !

!

VOUS ALLEZ DEVOIR GRIMPER SANS UTILISER LES MAINS !

CE N'EST PAS DE LA SIMPLE ESCA-LADE...

ガッ!!

TAC!

ブーン

FWOOOM

BIEN ! DÉMONS-TRATION !

FWUP

!!

TAP TAP

TAP TAP

!

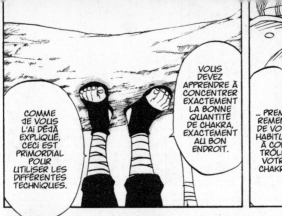

COMME JE VOUS L'AI DÉJÀ EXPLIQUÉ, CECI EST PRIMORDIAL POUR UTILISER LES DIFFÉRENTES TECHNIQUES.

VOUS DEVEZ APPRENDRE À CONCENTRER EXACTEMENT LA BONNE QUANTITÉ DE CHAKRA, EXACTEMENT AU BON ENDROIT.

... PREMIÈREMENT, DE VOUS HABITUER À CONTRÔLER VOTRE CHAKRA.

ÉNERGIE SPIRITUELLE

+

ÉNERGIE CORPORELLE

FOURNIR LA QUANTITÉ CORRECTE DE CHAKRA POUR GRIMPER AUX ARBRES, C'EST UN TRAVAIL TRÈS SUBTIL. IL FAUT ÊTRE TRÈS PRÉCIS DANS LE DOSAGE...

DE PLUS, LA PLANTE DES PIEDS, C'EST LA ZONE OÙ IL EST LE PLUS DIFFICILE DE CONCENTRER LE CHAKRA.

POURTANT, MÊME LES NINJAS TRÈS EXPÉRIMENTÉS ONT PARFOIS DU MAL À Y PARVENIR.

WOW!!

... SI VOUS RÉUSSISSEZ, C'EST QUE VOUS ÊTES CAPABLES DE MAÎTRISER N'IMPORTE QUELLE TECHNIQUE.

DU MOINS, EN THÉORIE!

AUTREMENT DIT...

MAINTENIR TOUTE CETTE ÉNERGIE EN ÉQUILIBRE REQUIERT BEAUCOUP D'EFFORTS...

POUR CHACUNE DES DIFFÉRENTES TECHNIQUES QUE VOUS UTILISEZ, IL FAUT RÉPARTIR CHAQUE FOIS LE CHAKRA D'UNE MANIÈRE DIFFÉRENTE À L'INTÉRIEUR DU CORPS.

LE DEUXIÈME OBJECTIF EST DE VOUS ENTRAÎNER À MAINTENIR VOTRE CHAKRA CONCENTRÉ EN UN POINT PRÉCIS : DANS CE CAS-CI, SOUS LA PLANTE DES PIEDS.

CONTRÔLER ET MAINTENIR EN ÉQUILIBRE SON CHAKRA, DANS DE PAREILLES CONDITIONS, EST UN EXERCICE EXTRÊMEMENT DIFFICILE.

... D'AUTANT PLUS QU'EN GÉNÉRAL, C'EST PENDANT LES COMBATS QU'UN NINJA DOIT MALAXER SON CHAKRA.

IL FAUT ALORS SE DÉPLACER, COURIR, BONDIR SANS CESSE.

ENFIN, BREF ! ASSEZ DISCUTÉ COMME ÇA !

C'EST UN ENTRAÎNEMENT TRÈS COMPLET, ET EFFICACE POUR APPRENDRE À UTILISER SON CHAKRA !

VOILÀ POURQUOI JE VEUX QUE VOUS GRIMPIEZ AUX ARBRES.

À PRÉSENT, C'EST À VOUS DE JOUER!

FWORSH!!

SERVEZ-VOUS D'UN DE CES KUNAIS, POUR TRACER UNE MARQUE SUR LE TRONC, AU POINT LE PLUS HAUT QUE VOUS POURREZ ATTEINDRE.

STAC
ツッ
STAC
ツッ
STAC
ツッ

... JE VOUS CONSEILLE DE PRENDRE DE L'ÉLAN, LE TEMPS DE FAIRE QUELQUES PROGRÈS. COMPRIS ?

COMME VOUS N'ÊTES PAS ENCORE CAPABLES DE MAÎTRISER TRÈS BIEN VOTRE CHAKRA...

ENSUITE, EFFORCEZ-VOUS D'ALLER UN PEU PLUS HAUT À CHAQUE ESSAI.

ヂ "ZAM

ワルィ FWOOP

ズ TAP タ

JE NE PENSAIS PAS QUE C'ÉTAIT SI DUR DE DOSER LE CHAKRA CORRECTEMENT...

... ET ON SE RAMASSE, COMME ÇA...

... MAIS, À L'INVERSE, S'IL EST TROP FAIBLE, ON N'ADHÈRE PAS À LA SURFACE...

Whoooo! うお~~!

ゴロ ゴロ

ガンガル

S'IL EST TROP CONCENTRÉ, IL PRODUIT UNE TROP FORTE PRESSION SUR LE TRONC...

C'EST DRÔLEMENT FACILE, VOTRE TRUC!

!

VOILÀ QUI REFLÈTE BIEN L'ÉCART DE NIVEAU ENTRE NARUTO ET SASUKE.

HÉ BIEN...

HÉ HÉ HÉ !!!

S A K U R A !!!

^^^

OH ! ON DIRAIT BIEN QUE LA GENT MASCULINE DOIVE S'INCLINER...

C'EST SAKURA QUI CONTRÔLE LE MIEUX SON CHAKRA !

BLOM

J'ESPÉRAIS TELLEMENT QUE SASUKE ME FASSE UN PETIT COMPLIMENT...

CHAQUE FOIS, C'EST LA MÊME CHOSE

WOW ! SUPER ! TU ES TROP FORTE, SAKURA ! J'AI TOUJOURS SU QUE TU ÉTAIS UNE FILLE EXCEPTIONNELLE !

MAIS ÇA M'ÉNERVE UN PEU DE ME FAIRE BATTRE PAR UNE FILLE !

tsss

16

... C'EST SAKURA QUI EST LA PLUS PROCHE DU TITRE DE HOKAGE...

... CONTRAIREMENT À CE QUE CERTAINS S'IMAGINENT !

... ELLE SE DÉBROUILLE ÉGALEMENT TRÈS BIEN POUR LE CONTRÔLER ET LE DOSER ! DANS UN SENS...

HÉ BIEN ! SAKURA POSSÈDE DES CONNAISSANCES THÉORIQUES SUR LE CHAKRA, MAIS CE N'EST PAS TOUT...

ÇA SUFFIT, MAÎTRE !! TAISEZ-VOUS MAINTENANT !

SASUKE VA FINIR PAR ME DÉTESTER !

ET JE SUIS UN PEU DÉÇU PAR LE DESCENDANT DE LA LIGNÉE UCHIWA... JE CROYAIS LES MEMBRES DE CE CLAN PLUS FORTS QUE ÇA !

GLOUPS

... ILS ACQUERRONT UNE PUISSANCE CONSIDÉRABLE !

... ET S'ILS S'ENTRAÎNENT SÉRIEUSEMENT...

... NARUTO ET SASUKE RECÈLENT EN EUX INFINIMENT PLUS DE CHAKRA QUE SAKURA...

CECI DIT...

ALLEZ! JE VAIS ESSAYER D'ALLER PLUS HAUT QUE SASUKE!

ON VA VOIR CE QU'ON VA VOIR!!

JE LES AI POURTANT AVERTIS QU'ILS PERDENT LEUR TEMPS...

PEUH!!!

FTAP

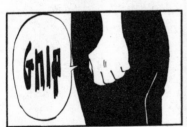

GNIP

20

WHAM

VOUS FERIEZ MIEUX DE DÉGUER-PIR...

... CAR JE SUIS TRÈS EN COLÈRE !

ON NE L'A MÊME PAS VU SE DÉPLA-CER !...

C'EST... C'EST IMPOS-SIBLE...

LA PROCHAINE FOIS, JE VOUS JETTE À LA PORTE!!

HÉ! MON SIGNE!!

ALLONS-Y!

FLWOP

BLING

ÇA VA POUR CETTE FOIS... MAIS JE NE TOLÉRERAI PLUS D'ÉCHEC!

C'EST UN MONS-TRE OU QUOI...?

GLURPS

HAKU... TU N'AURAIS PAS DÛ T'EN MÊLER...

SLAM! バタン!

FLWOP

SI NOUS SEMONS LA PAGAILLE MAINTENANT, NOUS ALLONS ENCORE NOUS FAIRE PRENDRE EN CHASSE.

... MAIS IL EST UN PEU TROP TÔT POUR SE DÉBAR-RASSER DE GATÔ.

JE SAIS BIEN...

OUI...

... TU AS RAISON.

NE NOUS PRÉCI-PITONS PAS...

ET VOILÀ!

CE PAUVRE NARUTO EST VRAIMENT TROP PRÉVISIBLE...

Y EN A MARRE!

JUSQU'OÙ IRA-T-IL...?

NARUTO VA RAPIDEMENT DEVENIR TRÈS FORT...

SAKURA! SAKURA! EXPLIQUE-MOI COMMENT TU T'Y PRENDS! C'EST QUOI LE TRUC?

HEIN?

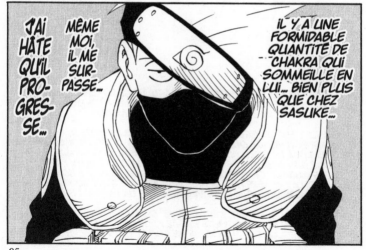

J'AI HÂTE QU'IL PRO-GRES-SE...

MÊME MOI, IL ME SUR-PASSE...

IL Y A UNE FORMIDABLE QUANTITÉ DE CHAKRA QUI SOMMEILLE EN LUI... BIEN PLUS QUE CHEZ SASUKE...

PREMIÈRES ÉBAUCHES DES PERSONNAGES PRINCIPAUX

VOICI UNE DES PREMIÈRES ÉBAUCHES DE SASUKE, QUE J'AI RÉALISÉES. COMME VOUS POUVEZ LE CONSTATER, IL N'A PRESQUE PAS CHANGÉ.

LA PRINCIPALE DIFFÉRENCE AVEC LE SASUKE QUE VOUS CONNAISSEZ, C'EST LE PENDENTIF QU'IL PORTE AUTOUR DU COU. POUR CHAQUE PERSONNAGE, AU FUR ET À MESURE DE L'ÉLABORATION, JE DESSINE DES TRAITS SUPPLÉMENTAIRES PAR-CI, PAR-LÀ, ET J'AI TOUJOURS ENVIE D'AJOUTER DES PETITES DÉCORATIONS. C'EST LE CAS ICI.

EN PARTICULIER POUR LES PERSONNAGES PRINCIPAUX, J'AI TOUJOURS TENDANCE À VOULOIR DESSINER TROP DE DÉTAILS... MAIS AU BOUT DU COMPTE, JE SUIS BIEN FORCÉ D'EN ABANDONNER CERTAINS, CAR IL SERAIT IMPOSSIBLE DE DESSINER MINUTIEUSEMENT DES PERSONNAGES SI SOPHISTIQUÉS, DANS UN MANGA DONT LE RYTHME DE PARUTION EST HEBDOMADAIRE !

C'EST CE QUI S'EST PASSÉ POUR SASUKE : J'AI DÛ ÉLIMINER PAS MAL DE TRAITS SUPERFLUS, ET J'EN AI FAIT UN PERSONNAGE TOUT EN CONTRASTE AVEC CELUI DE NARUTO.

SASUKE EST LE PERSONNAGE LE PLUS DIFFICILE À DESSINER, TANT POUR SON VISAGE QUE POUR SES ATTITUDES. JE DOIS TOUJOURS VEILLER À NE PAS LUI CONFÉRER UNE EXPRESSION TROP MATURE POUR SON ÂGE : C'EST ENCORE UN ENFANT ! MAIS SI JE N'Y PRENDS PAS GARDE, IL SE RETROUVE AVEC UN VISAGE DE JEUNE HOMME. C'EST LA PREMIÈRE FOIS QUE JE DESSINE UN ENFANT AU REGARD SI ARROGANT, ET CE N'EST VRAIMENT PAS UN EXERCICE FACILE...

ENCORE MAINTENANT, C'EST SASUKE QUI ME DEMANDE LE PLUS DE TRAVAIL. SANS DOUTE EST-CE POUR CELA QU'IL EST LE PERSONNAGE AUQUEL JE ME SUIS LE PLUS ATTACHÉ...

28

Pfçuaaa

FTAP H"

LE BLONDINET ET LE P'TIT TACITURNE NE SONT PAS AVEC TOI ?

SÉCURITÉ

TU AS L'AIR DE T'ENNUYER... LÀ, ASSISE TOUTE SEULE...

... MAÎTRE KAKASHI M'A CHARGÉE DE VEILLER SUR VOUS !

COMME JE SUIS PLUS DOUÉE QU'EUX...

NON, ILS S'ENTRAÎNENT DANS LA FORÊT.

...

... SÉ-RIEUX ?

ET TOI, TU ES DISPENSÉE D'ENTRAÎNEMENT ?

C'EST TOI, GIICHI ? QU'EST-CE QUI T'ARRIVE ?

HMM...

3

TAZUNA...

TU AS UNE MINUTE ?

ET HOP !!

POURQUOI VEUX-TU TOUT ABANDON-NER SI SUBITEMENT ?!

QUE... QUOI ?! MAIS POUR-QUOI ?!

J'AI BIEN RÉFLÉCHI... À PROPOS DE CE PONT...

... J'AI DÉCIDÉ DE LAISSER TOMBER, SI TU N'Y VOIS PAS D'OBJEC-TIONS...

... ET PUIS, SI TU TE FAIS ASSASSINER, CETTE HISTOIRE N'AURA PLUS AUCUN SENS !

J'AIMERAIS VRAIMENT T'AIDER... MAIS C'EST TROP RISQUÉ ! J'AI PAS DU TOUT ENVIE QUE GATÔ S'EN PRENNE À MOI !

TAZUNA ! ÇA FAIT UNE SACRÉE PAYE QU'ON SE CONNAÎT, TOUS LES DEUX !

SÉCURI

ÇA, IL N'EN EST PAS QUESTION!

...

...TU FERAIS MIEUX DE RENONCER. TU NE CROIS PAS?

POURQUOI T'ENTÊTER? TOI AUSSI...

... ET AINSI SORTIR NOTRE PETIT PAYS DE LA MÉGA-MOUISE!

NOUS AVONS COMMENCÉ À LE CONSTRUIRE, TOUS ENSEMBLE, POUR FACILITER LA CIRCULATION DES GENS ET DES MARCHANDISES...

CE PONT EST NOTRE PONT!

OK! GIICHI... DORÉNAVANT, JE ME PASSERAI DE TON AIDE...

DÉJÀ MIDI... ASSEZ POUR AUJOUR-D'HUI!

MAIS À QUOI BON Y RISQUER SA VIE...?

SCHUTT SCHUTT

₱30
₱30

AU VOLEUR !! ARRÊTEZ-LE !!

TSUNAMI M'A DEMANDÉ DE FAIRE LES COURSES EN RENTRANT.

M

Brouhaha

Brouhaha

YO

YO

À LA RECHERCHE DE TRAVAIL. ACCEPTE TOUTE PROPOSITION.

NOUS Y VOILÀ...

CE PAUVRE ENFANT A L'AIR SI AFFAMÉ...

QUELLE MISÈRE DANS CETTE VILLE...

LES ÉTALAGES SONT QUASIMENT VIDES...

PRIMEURS

PRIÈRE DE NE PAS FUMER ICI !

BON-JOUR!

GLOUPS!

FWUUSH

C'EST DEPUIS QUE GATÔ EST ARRIVÉ QUE C'EST COMME ÇA.

AAAAH!!!

F-TAP

IL SYMBOLISE LE COURAGE. IL FAUT REDONNER ESPOIR AUX GENS D'ICI: QU'ILS ARRÊTENT DE FUIR! ET QU'ILS RÉSISTENT À LEUR ENNEMI!

C'EST POUR ÇA QU'IL FAUT ABSOLUMENT CONSTRUIRE CE PONT!

TOUS LES HOMMES SONT DEVENUS DES DÉGONFLÉS...

NARUTO...

SASUKE...

TOUT REDEVIENDRAIT COMME AVANT...

CE PONT... SI SEULEMENT J'ARRIVAIS À LE FINIR...

IL GRIMPE DE PLUS EN PLUS HAUT!

HAA

HAA

HAA

MAUDIT SASUKE!

!

NARUTO: ME RATTRAPE PEU À PEU!

AH!

TAP

TAP

TAP

BVVPP BVVPP

IL M'EMPÊCHE DE ME CONCENTRER!

CA SUFFIT !!!

JE NE DOIS PAS ME LAISSER PERTURBER PAR SASUKE!

BON SANG !

BON ! D'ACCORD ! MAIS APRÈS, TU ME FICHES LA PAIX !

ALLEZ...! SAKURA ! DIS-MOI COMMENT IL FAUT FAIRE !

POUR ASSEMBLER JUSTE LA BONNE DOSE DE CHAKRA SOUS LA PLANTE DE TES PIEDS, TU DOIS AVOIR L'ESPRIT DÉTENDU, MAIS CONCENTRÉ SUR L'ARBRE ! COMPRIS ?

ÉCOUTE BIEN ! POUR CONTRÔLER TON CHAKRA, TU DOIS AVOIR RECOURS À TON ÉNERGIE SPIRITUELLE, IL FAUT DONC ÉVITER DE T'EMBALLER ET DE TROP T'EXCITER !

BLOM!

HE ! NARUTO !

OK ! C'EST BON !

LA CONCEN-TRATION, C'EST LA CLEF ! IL FAUT RESTER CONCENTRÉ !

VOILÀ BIEN LONGTEMPS QUE NOUS N'AVIONS PAS ÉTÉ SI NOMBREUX À TABLE!

WHAAA! C'EST LA MÉGA-FÊTE!

UUH!

?

BEEEUUUUUHN

...

ENCORE!!!

NON... JE MANGE ENCORE!

SI C'EST POUR TOUT VOMIR, VOUS FERIEZ MIEUX D'ARRÊTER DE MANGER!

HAA

HAA

HAA

HAA

BIEN DIT !

MAIS ÇA NE SERT À RIEN SI VOUS VOMISSEZ !? ♡

NOUS DEVONS MANGER, MÊME S'IL FAUT NOUS FORCER !

NOUS DEVONS PRENDRE DES FORCES RAPIDEMENT !!!

Hé Hé

TIENS ! POURQUOI GARDEZ-VOUS CETTE VIEILLE PHOTO DÉCHIRÉE DANS UN CADRE ?

!

ON DIRAIT QUE VOUS AVEZ ARRACHÉ EXPRÈS LA PARTIE OÙ SE TENAIT UNE QUATRIÈME PERSONNE.

J'AI REMARQUÉ QU'INARI NE L'A PAS QUITTÉE DU REGARD TOUT AU LONG DU REPAS.

!

AUTREFOIS...

... TOUT LE MONDE LE CONSIDÉRAIT COMME UN GRAND HÉROS...

C'EST MON MARI...

...

FWP スッ

ガタ
TAC...

INARI !!!

バタ!!!
SLAM!

OÙ VAS-TU...?

INARI !!!

PAPA! JE T'AI POURTANT DÉJÀ DIT CENT FOIS DE NE PAS PARLER DE KAIZA DEVANT INARI!

VOUS POURRIEZ PEUT-ÊTRE NOUS EXPLIQUER...

— ...

POUR-QUOI INARI EST-IL PARTI SI BRUSQUE-MENT?

À CETTE ÉPOQUE, INARI ÉTAIT UN PETIT GARÇON TRÈS SOURIANT...

TOUS LES DEUX S'ENTEN-DAIENT MÉGA-BIEN...

INARI AVAIT UN PÈRE ADOPTIF...

MAIS MALHEU-REUSE-MENT...

... LE JOUR DE CETTE TERRIBLE AFFAIRE...

... IL A CHANGÉ DU TOUT AU TOUT...

... JUSQU'À ANÉANTIR LA PLUS PETITE ONCE DE COURAGE EN EUX...

LES AFFREUX ÉVÉNEMENTS QUI ONT EU LIEU, CE JOUR-LÀ, ONT COMPLÈTEMENT DÉSTABILISÉ INARI ET TOUS LES HABITANTS DE L'ÎLE...

DE QUELS AFFREUX ÉVÉNE-MENTS S'AGIT-IL ?

EXPLIQUEZ-NOUS CE QUI A TRAUMATISÉ INARI À CE POINT.

! ! ! !

LE HÉROS ..?

JE DOIS COMMENCER PAR VOUS RACONTER L'HISTOIRE DE CELUI QUI ÉTAIT LE HÉROS DE NOTRE PAYS.

AVANT DE VOUS EXPLIQUER CE QUI S'EST PASSÉ CE JOUR-LÀ...

ズッ
FWIP

...

ぎゅ! SLAP!

À PARTIR DE CE JOUR-LÀ, INARI NE LE QUITTA PLUS D'UNE SEMELLE.

CET HOMME S'APPELAIT KAIZA, C'ÉTAIT UN PÊCHEUR, VENU D'UN AUTRE PAYS, DANS L'ESPOIR DE RÉALISER SES RÊVES SUR NOTRE PETITE ÎLE...

AH! ÇA Y EST! TU AS ENFIN SOURI! ALLEZ! MANGE!

OUAIS!

ぎゅ! SLAP!

IL N'A PAS FALLU LONGTEMPS POUR QUE KAIZA DEVIENNE RÉELLEMENT UN MEMBRE DE NOTRE FAMILLE...

ILS ÉTAIENT TOUJOURS ENSEMBLE, INSÉPARABLES... COMME UN PÈRE ET SON FILS...

LE FAIT QUE SON VÉRITABLE PÈRE SOIT DÉCÉDÉ ALORS QU'IL ÉTAIT ENCORE TOUT PETIT, JOUA SANS DOUTE BEAUCOUP DANS L'ATTACHEMENT D'INARI ENVERS KAIZA...

ÇA MORD?

KAIZA! C'EST LA CATASTROPHE! AVEC LES TROMBES D'EAU QUI TOMBENT, LE BARRAGE A CÉDÉ!

SLAM

パタッ

ZAAAA

ザーーー

ET PUIS, C'ÉTAIT UN HOMME INDISPENSABLE POUR NOTRE VILLE...

MAIS PEU DE TEMPS APRÈS, GATÔ FIT SON APPARITION...

INARI POUVAIT ÊTRE FIER DE SON PÈRE !

... TOUT LE MONDE A COMMENCÉ À TRAITER KAIZA COMME UN GRAND HÉROS.

•••

ET C'EST À CE MOMENT QU'IL S'EST PRODUIT QUELQUE CHOSE, N'EST-CE PAS ?

... FAIT EXÉCUTER KAIZA SUR LA PLACE PUBLIQUE !

CET IGNOBLE GATÔ A...

QUE S'EST-IL DONC PASSÉ... ? VOUS POUVEZ NOUS LE DIRE ?

ᵀⁱᴸ BRRR

•••

ᵀⁱᴸ BRRR

QUOI
?

WHAM

IL A TROUBLÉ L'ORDRE DANS CE PAYS! PAR CONSÉQUENT, IL DOIT ÊTRE CONDAMNÉ À MORT!

HUNNG...

...

ÉCOUTEZ-MOI TOUS! CET HOMME S'EST RENDU COUPABLE D'ACTES TERRORISTES ENVERS MA SOCIÉTÉ, LA "GATÔ CORPORATION"!

Brouhaha

Brouhaha

Brouhaha

iNARi!!!

PAPA!!!

CE GENRE D'INCIDENT NE SE REPRODUISE PLUS JAMAIS!!

JE SOUHAITE SINCÈREMENT QUE...

CLANG

LES SUPER-HÉROS, ÇA N'EXISTE PAS!

N'IMPORTE QUOI!

BLAM

UUH...

UH...

PAPA...

TU AS MALAXÉ BEAUCOUP DE CHAKRA. TIENS-TOI TRANQUILLE, SI TU NE VEUX PAS MOURIR D'ÉPUISEMENT.

TU T'ES ASSEZ ENTRAINÉ POUR AUJOUR-D'HUI.

QU'EST-CE QUE TU FAIS, NARUTO...?

!

H...

BLOM

AÏE!

!

AH!

!

PFFUAAAAAA!!!

DEPUIS QUE VOUS AVEZ RACONTÉ CETTE TERRIBLE HISTOIRE, IL PASSE TOUTES SES SOIRÉES À S'ENTRAÎNER À GRIMPER AUX ARBRES.

IL VA FINIR PAR ÊTRE PLUS FORT QUE LES ÉCUREUILS...

NARUTO N'EST PAS RENTRÉ HIER SOIR ?

HMMM...

IL N'EN A PAS L'AIR, MAIS C'EST UN VRAI NINJA !

NE VOUS FAITES PAS DE SOUCI !

JE COMMENCE À M'INQUIÉTER... UN ENFANT NE DEVRAIT PAS PASSER SES NUITS SEUL DANS LA FORÊT...

SI ÇA SE TROUVE, IL EST MORT D'ÉPUISEMENT À FORCE D'UTILISER TROP DE CHAKRA !

70

ÇA, C'EST VOUS QUI LE DITES... SI ÇA SE TROUVE, IL EST BEL ET BIEN MORT...

ÇA NE SERAIT PAS UNE GRANDE PERTE...

PSHHH

スー

スー

スー

ROOMMPFFF

スー

RÉVEILLE-TOI! TU VAS ATTRAPER FROID À DORMIR ICI.

POF

HMM --?

DIS! DIS! C'EST CETTE PLANTE QU'IL FAUT RAMASSER?

HMMM?

FWP 47

QUI... QUI ES-TU?

POUR DEVENIR ENCORE PLUS FORT !

ET POURQUOI EST-CE QUE TU T'ENTRAÎNES ?

...POUR-QUOI VEUX-TU PROGRES-SER ?

ET...

...

CE N'EST PAS SUFFISANT ! JE PEUX DEVENIR ENCORE BEAUCOUP, BEAUCOUP PLUS FORT !

MAIS TU AS L'AIR D'ÊTRE DÉJÀ TRÈS COSTAUD, JE T'ASSURE !

ET PLUS, DANS L'IMMÉDIAT, JE DOIS PROUVER QUELQUE CHOSE À UN PETIT GARÇON !

POUR DEVENIR LE PLUS GRAND NINJA DE MON VILLAGE !

POUR QUE TOUT LE MONDE RECONNAISSE ENFIN MA VALEUR !

HEIN ?
...

JUSTE POUR TOI TOUT SEUL ?

TU FAIS ÇA POUR QUELQU'UN... OU BIEN...

GRRR

QU'EST-CE QUI TE FAIT RIRE COMME ÇA ?!

!

smile

...

?

!

QU'EST-CE QU'ELLE VEUT DIRE, À LA FIN...

DIS...

... EST-CE QU'IL Y A UNE PERSONNE QUI COMPTE PLUS QUE N'IMPORTE QUI, POUR TOI ?

QU'EST-CE QU'ELLE A, À ME REGARDER COMME ÇA ?

FWUP

...

... LORSQUE L'ON A QUELQUE CHOSE DE PRÉCIEUX À PROTÉGER.

TU SAIS...

ON PEUT DEVENIR VRAIMENT TRÈS FORT...

NE TOUCHE PAS À MAÎTRE IRUKA...

SINON, JE TE TUE...

JE DOIS LE FAIRE POUR PROTÉGER CETTE VILLE QUE J'AIME TANT...

JE NE SUIS PAS DU GENRE À LAISSER LES MEMBRES DE MON ÉQUIPE SE FAIRE ASSASSINER !

...

TU AS RAISON !

JE LE SAIS TRÈS BIEN, MOI AUSSI.

SMILE

ON AURA PEUT-ÊTRE L'OCCASION DE SE REVOIR...

ALORS, TU DEVIENDRAS SANS DOUTE TRÈS FORT...

OUI !

FWAP

ガーン !

AAAARGH !

SON VISAGE ÉTAIT PLUS JOLI QUE CELUI DE SAKURA !!!

C'EST PAS POSSIBLE !!!

... JE SUIS UN GARÇON !

AH...

IL FAUT QUE JE TE DISE...

78

WHAAM

HAA   HAA

HE HE !!!

VOUS AVEZ VU COMME J'AI PROGRESSE ?!

ALORS ?! ALORS ?!

ÇA VOUS EPATE, HEIN ?!

IN-CROYA-BLE...

WOW ! IL ARRIVE À GRIMPER SI HAUT QUE ÇA, MAINTENANT ?!

HUM~

HOP!

FWAM

FWIIP

HISSE...

S'IL TOMBE D'AUSSI HAUT...!!

SAPRISTI!

!!

NON! TRIPLE IDIOT!

AH!

KYAAAA!!!

BON SANG! ET MOI QUI NE SUIS PAS RÉTABLI...

WHAAA!!!

STAP ピアヅ！

JE VOUS AI BIEN EUS!!

Hi Hi!
ニイッ！

YEAAAH!
ギャーんなろ！

JE VAIS LE TUER!!

CRÉTIN! J'AI EU LA FRAYEUR DE MA VIE!

AH AH AH AH! VOUS AURIEZ DÛ VOIR VOS TÊTES!

AH AH AH!

... ...

GWAAAH シ"

GYAAAA!!!

VOILÀ CE QUI ARRIVE, QUAND ON VEUT FRIMER UN PEU TROP!!

AH!! FWEEP ヲ°°000

AH!

198   197   196

"RECU-LER DEVANT LE DEVOIR EST LA MARQUE DU LÂCHE"

ALORS QUE JE VOUS AVAIS MENTI AU SUJET DE LA MISSION ?

POUR-QUOI AVEZ-VOUS ACCEPTÉ DE M'AIDER...

HUM ! IL Y A UNE QUESTION QUE JE VEUX VOUS POSER DEPUIS MÉGA-LONG-TEMPS...

C'EST CE QUE NOUS ONT APPRIS LES HOKAGES DES GÉNÉRA-TIONS PASSÉES.

199

200

"SI LE GÉNÉRAL EST PRUDENT, LES SOLDATS SONT BRAVES"

ÇA Y EST, ME VOILÀ À PEU PRÈS RÉTABLI...

LES NINJAS NE SONT PAS MOTIVÉS UNIQUEMENT PAR L'ARGENT.

C'EST COMME ÇA QUE DOIVENT VIVRE LES SHINOBIS...

TU AS RETROUVÉ TA FORCE.

PLIC PLOC

SCRAAAGH

OUI...

SCRAP

PARFAIT !

ON VA POUVOIR Y ALLER, HAKU !

SCRAP

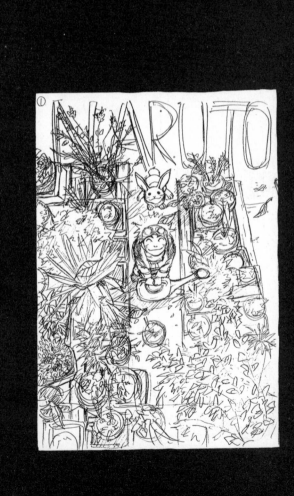

88

NARUTO ! PAPA ! VOUS TRAVAILLEZ TROP, TOUS LES DEUX !

HUM.

HMM

POF

MAIS LE PONT EST PRESQUE TERMINÉ...

MOI AUSSI, J'AI TRAVAILLÉ DUR AUJOUR- D'HUI ! JE SUIS CREVÉ !

HAA

HAA

DROOM DROOM

RRZZZZZ

TU NE SAIS RIEN DE CE PAYS, ET TU ARRIVES AVEC TES GROS SABOTS!!

TU M'ÉNERVES, TOI!!

TAIS-TOI, MINUS! JE SUIS PAS COMME TOI, MOI!

J'SUIS PAS COMME TOI, MOI! TOUJOURS À RIGOLER COMME UN IMBÉCILE! MOI, J'AI VÉCU DES MOMENTS TRÈS DIFFICILES!!

QU'EST-CE QUE TU SAIS DE MOI? HEIN?!

SッFWP

ET ALORS... TU CROIS QUE ÇA SUFFIT DE SE PRENDRE POUR LE HÉROS D'UN MÉLODRAME, ET DE PLEURNICHER SANS CESSE...?

ドッ ZAM

PEUH!

NARUTO! QU'EST-CE QUI T'A PRIS DE LUI PARLER COMME ÇA?!

BLAM

FWUP

...

JE PEUX TE PARLER UN INSTANT?

HHHHHHH SPLAAAAASH

C'EST JUSTE QU'IL EST UN PEU MALADROIT...

TU SAIS, NARUTO N'A PAS DIT ÇA PAR MÉCHANCETÉ...

NARUTO EST COMME TOI : IL N'A PAS DE PÈRE.

OH !

TAZUNA NOUS A RACONTÉ L'HISTOIRE DE TON PAPA.

PAS UNE SEULE FOIS !

ET POURTANT, JE NE L'AI JAMAIS VU PLEURER, BAISSER LES BRAS, OU S'APITOYER SUR SON SORT.

POUR ÊTRE FRANC, CE QU'IL A ENDURÉ ÉTAIT BIEN PLUS PÉNIBLE QUE TOUT CE QUE TU AS VÉCU...

OU PLUTÔT, IL N'A PAS CONNU SES PARENTS... ET AUTREFOIS, IL N'AVAIT PAS UN SEUL AMI.

AH BON ?

... ET POUR RÉALISER SON RÊVE.

IL FAIT SANS CESSE DES EFFORTS POUR QUE LES AUTRES RECONNAIS- SENT SA VALEUR...

IL A SANS DOUTE DÉJÀ PLEURÉ TOUTES LES LARMES DE SON CORPS...

HEIN ?

NARUTO EST SANS DOUTE CELUI QUI COMPREND LE MIEUX CE QUE TU RESSENS.

... TOUT COMME TON PÈRE.

EN CE SENS, IL SAIT CE QUE C'EST QU'ÊTRE VÉRITA- BLEMENT "FORT"...

... TOUS CES EFFORTS-LÀ SPÉCIALEMENT POUR TOI.

JE CROIS QU'IL FAIT...

BON ! MERCI DE VOUS OCCUPER DE NARUTO !

...

À TOUT À L'HEURE !

ALLEZ ! ON Y VA !

DSHHHH

IL S'EST TROP ENTRAÎNÉ, IL EST À BOUT DE FORCES. LAISSONS-LE SE REPOSER POUR LA JOURNÉE.

ROOMPFF

J'ESPÈRE QUE VOUS ÊTES PARÉS POUR L'ATTAQUE, CETTE FOIS!

IL EST TEMPS D'Y ALLER, HAKU.

D'ACCORD.

KRSSP

ti''H''

HÉ! ZABUZA! TU ME RÉPONDS OU QUOI?!

AH! NARUTO! TU ES DÉJÀ RÉVEILLÉ?

AH LA LA LA LA!! OÙ SONT LES AUTRES?!

J'AI TROP DORMI!!!

AAAH!!!

FLAAP !!! FLAAP

ILS SONT PARTIS SANS MOI!!

J'EN ÉTAIS SÛR!!

DASH

DASH

KAKASHI A DIT QUE TU TE REPOSES TOUTE LA JOURNÉE...

À PLUS TAAAÂRD!!

TARARARARARARARARA

タ" タ" タ" タ" タ" タ" タ" タ"

FRPP

HMM?

QU'EST-CE QUE C'EST?

ILS AURAIENT QUAND MÊME PU ME RÉVEIL-LER!!

QUE... QUE S'EST-IL PASSÉ ?!

WHAM

SE POUR-RAIT-IL QUE...

...

LE... LE DÉMON...

QU'EST-IL ARRIVE ?! RÉ-PONDS-MOI!

J'ARRIVE! JE SUIS AUX TOILETTES!

SMILE

FRAP
HHH''

¡NARI! VIENS M'AIDER À FAIRE LE MÉNAGE!

TCHAC

ET IL NE PERD PAS DE TEMPS POUR NOUS ATTAQUER...

IL ETAIT DONC BIEN VIVANT...

GLOUPS

C'EST BIEN LA TECHNIQUE DU BROUILLARD, NON ?

DITES-MOI SI JE ME TROMPE, MAITRE !

TOUJOURS ACCOMPAGNE DE CES GAMINS ? REGARDE-LES, LES PAUVRES : ILS TREMBLENT DE TOUS LEURS MEMBRES !

SALUT, KAKASHI.

BRRR

7° IL

7° IL

BRRR

101

WHAAAM

C'EST UN
TREMBLEMENT
D'EXCITATION !

JE PEUX LE VOIR!

CE GAMIN A FAIT DE SÉRIEUX PROGRÈS DEPUIS LA DERNIÈRE FOIS...

OH! TU ES VENU À BOUT DE MES CLONES AQUEUX!

WHAM

NOUS VOILÀ FACE À DES ENNEMIS REDOUTABLES. PAS VRAI, HAKU?

ON DIRAIT BIEN, EN EFFET.

CETTE FOIS, AU MOINS, CELA A LE MÉRITE D'ÊTRE CLAIR.

... ÉTAIT EFFECTIVEMENT UN COMPLICE DE ZABUZA !

LE GARCON AU MASQUE...

JE ME CHARGE DE LUI.

HEIN ?

CE GARCON SE DÉBROUILLE BIEN.

MÊME SI LES CLONES AQUEUX N'ONT QU'UN DIXIÈME DE TA PUISSANCE, CE NE SERA PAS RIEN DE LES BATTRE.

DÉCIDÉMENT... SAKURA EST COMPLÈTEMENT DINGUE DE SASUKE...

J'AI HORREUR DE CE GENRE D'ENTOURLOUPES !

IL NOUS A ROULÉS EN JOUANT LA COMÉDIE...

QUELLE CLASSE, SASUKE ! ♡

DÉSOLÉS DE PERTURBER TA SÉANCE DE MÉNAGE, MAIS IL VA FALLOIR NOUS ACCOMPA- GNER.

TU ES BIEN LA FILLE DE TAZUNA ?

VA-T'EN,
iNARi!!
SAUVE-TOi
ViTE!!

DÉGAGE,
MINUS!

MAMAN!!!

ON
L'EMMÈNE
AUSSi ?

NON,
UN SEUL
OTAGE
SUFFIRA.

ON LE TUE ?

BON... ALORS...

GLOUPS

ピク

UN OTAGE ?!

ATTENDEZ !!!

!!

FWOOP?

UN OTAGE MORT NE VOUS SERVIRA À RIEN, PAS VRAI ?

SI VOUS TOUCHEZ UN SEUL CHEVEU DE CET ENFANT, JE ME SUICIDE EN ME COUPANT LA LANGUE !

DOMMAGE... J'AURAIS BIEN AIMÉ LUI TRANCHER LA TÊTE...

PEUH... TU PEUX REMERCIER TA MÈRE, PETIT.

JE NE SUIS QU'UN GAMIN... JE SUIS SI FAIBLE... JE NE PEUX RIEN FAIRE POUR T'AIDER...

PARDON, MAMAN... PARDON...

BRRRR ズズ

LIH... UUIH...

MAÎTRISE UN PEU TES PULSIONS, TOI! TU VIENS JUSTE DE TE FAIRE LA MAIN AVANT DE VENIR ICI!

ASSEZ BAVARDÉ! EMMENONS-LA!

CONTINUE DONC À CHIALER, SALE MORVEUX!

PLIC PLIC

ET JE NE VEUX PAS MOURIR...

J'AI SI PEUR...

IL A DÉJÀ SANS DOUTE PLEURÉ TOUTES LES LARMES DE SON CORPS...

TU CROIS QUE ÇA SUFFIT DE SE PRENDRE POUR LE HÉROS D'UN MÉLODRAME ET DE PLEURNICHER SANS CESSE...?

~

EN CE SENS, IL SAIT CE QUE C'EST QU'ÊTRE VÉRITABLEMENT FORT...

...TOUT COMME TON PÈRE.

~

CONTINUE DONC À CHIALER DANS TON COIN, SI ÇA T'AMUSE !!

SALE PETIT MORVEUX !!

...TU DOIS LE PROTÉGER TOI-MÊME !

CE QUI EST VRAIMENT CHER À TES YEUX...

À LA FORCE DE TES BRAS !

114

ILS SONT TOUS SI COURAGEUX...

Si BRAVES ...

pfyuuu

ET SI FORTS...

GNP

FWIP!

... JE DOIS ESSAYER DE DEVENIR FORT ! REGARDE-MOI, PAPA !!

MOI AUSSI...

FTAP

PAS SI VITE !!

ALLEZ ! AVANCE PLUS VITE QUE ÇA !

HÉ HÉ ! TU AS UNE TRÈS JOLIE PEAU... ÇA ME DONNE ENVIE DE LA TRANCHER...

INARI !!!

QU'EST-CE QU'IL NOUS VEUT, CE MIOCHE ?

HMM ?

!

LÂCHEZ MA MÈRE !!

MOI AUSSI !...!

LÂCHEZ-LA !!

!

ON LE TUE ?

COOL !

TCHAC

DAAAHH ¶" ¶"

WHOOOOOOO !!!

!

QUEL SALE GOSSE !

SLAASHH

INARI !!!

FWIP

118

TU... TU CROIS POUVOIR LES BATTRE?

UN DES NINJAS EMPLOYÉS PAR TAZUNA...

TIENS... TIENS...

SI TU N'AVAIS PAS ATTIRÉ LEUR ATTENTION, JE N'AURAIS PAS PU SAUVER TA MAMAN.

PEUH! IL EN FAUT PLUS QUE ÇA POUR NOUS ARRÊTER!

SÛR!

PAUVRES IMBÉCILES!

EN TRAVERSANT LA FORÊT, J'AI VU UN SANGLIER MASSACRÉ À COUPS DE SABRE...

...ET IL Y AVAIT PLEIN D'AUTRES TRACES DE COUPS SUR LES ARBRES. EN SUIVANT CES TRACES, ON SE DIRIGEAIT VERS VOTRE MAISON. JE ME SUIS DOUTÉ DE QUELQUE CHOSE...

HMM ?

COMMENT AS-TU SU QUE LES SAMOURAÏS ÉTAIENT ICI ?

AH ?

HE HE

JE TE PRÉSENTE MES EXCUSES POUR HIER SOIR !

!

ET... INARI...

! POF

J'Y SUIS ALLÉ TOUT DE MÊME UN PEU FORT, EN TE TRAITANT DE MORVEUX PLEURNICHARD.

PAR-DONNE-MOI.

TU ES FORT!

...

TU VAS ENCORE ME TRAITER DE PLEURNICHARD...

JE M'ÉTAIS JURÉ DE NE PLUS PLEURER...

?

ZUT!

AH BON ?

PAS DU TOUT! QU'EST-CE QUE TU RACONTES!

...

IL N'EST PLUS UN DÉMON-RENARD À PRÉSENT!

IL FAIT PARTIE DU VILLAGE KONOHA...

CE N'EST PAS POUR RIEN QUE JE LE CONSIDÈRE COMME...

...L'UN DES TOUT MEILLEURS ÉLÈVES DE L'ÉCOLE!

?

...

...ET SON NOM EST NARUTO UZUMAKI!

123

TU PEUX PLEURER...

... LORSQUE TU ES HEUREUX !

124

SI DES SAMOURAÏS SONT VENUS ICI, C'EST SÛR QU'IL Y AURA AUSSI UNE ATTAQUE SUR LE PONT.

BON!

BWAAAAAAA

ぶわああ

NARUTO...

D'AC-CORD...

...

FWAA ゴシ

FWAA ゴシ

JE TE LAISSE SURVEILLER CES DEUX-LÀ!

VAS-Y, NARUTO !!!

PAS FACILE D'ÊTRE UN HÉROS !!

WAASHH

CLiiiiNG

IL RÉUSSIT À PARER LES 7 COUPS DE HAKU...

OOH...

SAKURA! RESTE AVEC MOI POUR PROTÉGER TAZUNA!

LAISSONS SASUKE SE DÉBROUIL- LER!

D'AC- CORD!

FLAP

DASH

HMM...

NE DIS PAS N'IMPORTE QUOI!

TU NE VOUDRAIS PAS ABANDONNER CE COMBAT? CE SERAIT PLUS SAGE...

TU SAIS, JE NE TIENS PAS PARTICULIÈREMENT À TE TUER...

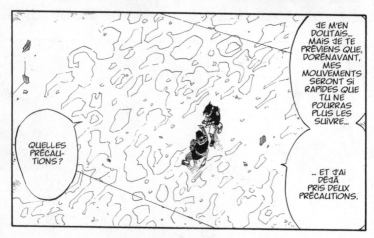

JE M'EN DOUTAIS... MAIS JE TE PRÉVIENS QUE, DORÉNAVANT, MES MOUVEMENTS SERONT SI RAPIDES QUE TU NE POURRAS PLUS LES SUIVRE...

... ET J'AI DÉJÀ PRIS DEUX PRÉCAUTIONS.

QUELLES PRÉCAUTIONS?

TOUT CE QUE TU PEUX FAIRE MAINTENANT, C'EST PARER MES ATTAQUES...

LA PREMIÈRE, C'EST D'AVOIR MIS DE L'EAU PAR TERRE... ET LA SECONDE, C'EST D'AVOIR IMMOBILISÉ UNE DE TES MAINS.

KRIII

FWISHH

iL A DISPA-RU!

TU N'ES PAS SI FORT QUE ÇA, FINALE-MENT...

À TON TOUR, MAINTENANT...

DE PARER MES ATTAQUES !

IL L'A PRIS HAKU DE VITESSE...

INCROYABLE!!!

SBLAAM

ON DIRAIT QUE JE SUIS PLUS RAPIDE QUE TOI.

SCRRAASHH

HUNG!

C'EST L'ÉNERGUMÈNE LE PLUS IMPRÉVISIBLE DE NOTRE VILLAGE!

QUANT AU TROISIÈME LARRON, NARUTO...

ATCHOUM!

SAKURA EST CELLE QUI A LE PLUS DE RESSOURCES.

YEAAAAH!

HE HE

SASUKE EST LE MEILLEUR ASPIRANT DU VILLAGE KONOHA...

IL VAUDRAIT MIEUX ÉVITER DE SOUS-ESTIMER NOTRE ÉQUIPE, MÊME SI ELLE EST CONSTITUÉE DE "GAMINS"...

Hi Hi

HAKU... TU AS ENTENDU ÇA? ILS SONT TRÈS FORTS...

?

AH AH AH...

AH AH AH AH AH AH...

JE SENS UNE ÉMANATION GLACIALE...

QUE... QUE SE PASSE-T-IL...

IL FAUT SE MÉFIER...

OUI...

SCRIIIP
SCRIIIP
ピチャ

SCRAPP

ピチ

パキ

パキッ

SCRIIIP

!

FWUP
スッ

GRRR...

137

PLAAASH バシャ

キラ SCHLIING

QU'EST-
CE QUE
C'EST
QUE
CETTE
TECHNI-
QUE ?!

SCHLIING
キラッ
FWUP
スッ
パッ
FLASH

QUE...

！

ZWIIIIIFF

QUE...

！

FLASH

FLASH

FLASH

！

FLASH

FLASH

FLASH

FLASH

WOOOSH

DASH

BON SANG!

PAS SI VITE!

WHAM

C'EST MOI, QUI SUIS TON ADVERSAIRE.

DES MIROIRS...? QU'EST-CE QUE C'EST CETTE TECHNIQUE...?

JE VAIS TE MONTRER MA VITESSE RÉELLE.

BON... TIENS-TOI PRÊT, JE VAIS COMMENCER.

TON PETIT AMI EST PRIS AU PIÈGE, MAINTENANT... CETTE TECHNIQUE EST INFAILLIBLE!

HMM...

QUI EST-CE...?

L'ÉNER-GUMÈNE... LE PLUS IMPRÉVI-SI-BLE...?!

TOUT POUR SE FAIRE REMAR-QUER... QUEL CRÉTIN...

À LA RESCOUSSE !!!

NARUTO UZUMAKI!

PREMIÈRES ÉBAUCHES DES PERSONNAGES PRINCIPAUX

SAKURA HARUNO

VOICI UNE DES PREMIÈRES
ÉBAUCHES DE SAKURA.
ELLE N'ÉTAIT VRAIMENT
PAS MIGNONNE !

À VRAI DIRE, JE NE SUIS PAS
TRÈS DOUÉ POUR DESSINER
LES PERSONNAGES FÉMININS.
CELA ME POSE TOUJOURS DE
GROS PROBLÈMES.

EN VOYANT MES DESSINS
PRÉPARATOIRES POUR SAKURA,
TOUTES LES PERSONNES DE
MON ENTOURAGE, MON
RESPONSABLE ÉDITORIAL, ET
LES ASSISTANTS, TOUT LE
MONDE S'EST EXCLAMÉ : "MAIS
ELLE N'EST PAS MIGNONNE
DU TOUT, CETTE FILLE !"

POURTANT, MAINTENANT,
J'AIME BEAUCOUP SAKURA,
AUSSI BIEN POUR SON LOOK
QUE POUR SON CARACTÈRE.

APRÈS TOUT, TOUT LE MONDE
POSSÈDE UNE PETITE VOIX
INTÉRIEURE COMME ELLE... ET PUIS,
SON AMOUR PASSIONNÉ POUR
SASUKE LUI DONNE UN PETIT CÔTÉ
RÉEL QUI N'EST PAS DÉPLAISANT.

POURQUOI TOUTES LES HÉROÏNES
DE MANGAS DEVRAIENT-ELLES ÊTRE
MIGNONNES ? J'AI L'AIR DE ME
JUSTIFIER UN PEU, MAIS BON...
JE PEUX VOUS DESSINER SANS
AUCUN PROBLÈME DES TAS DE
PETITS GARNEMENTS ET DE VIEUX
ROUBLARDS... MAIS LES FILLES,
CE N'EST PAS SI FACILE...

SE BATTRE POUR SES RÊVES !!

DANS LES HISTOIRES, LE HÉROS SURGIT TOUJOURS DANS DES SITUATIONS DÉSESPÉRÉES, ET EN UN CLIN D'ŒIL...

RASSUREZ-VOUS ! IL N'Y A PLUS RIEN À CRAINDRE, MAINTENANT QUE JE SUIS LÀ !

AVEC UNE ENTRÉE EN SCÈNE COMME CELLE-CI, IL FAIT UNE CIBLE IDÉALE !

QUEL ÉCERVELÉ !

... IL COLLE UNE MÉCHANTE ROUSTE AUX ENNEMIS !!

...

IL NE MANQUAIT PLUS QUE LUI...

PEUH !

IL PARLE TROP...

NARUTO !!!

CELUI-CI, JE VEUX LE COMBATTRE À MA MANIÈRE.

FWUP

PARDON, ZABUZA... LAISSE-LE-MOI...

HAKU... À QUOI JOUES-TU ?

DÉCIDÉMENT, TU ES TROP INDULGENT AVEC EUX...

TU NE VEUX PAS QUE J'Y TOUCHE, C'EST BIEN ÇA ?

LE PLUS IMPRESSIONNANT, C'EST LEUR VITESSE... JE N'AI MÊME PAS LE TEMPS DE VOIR LA TRAJECTOIRE DES PROJECTILES...

EN TOUT CAS, C'EST LA PREMIÈRE FOIS QUE JE VOIS UNE TECHNIQUE PAREILLE... IL Y A UN CLONE DANS CHACUN DES MIROIRS, ET ILS PROJETTENT DES DARDS TOUS EN MÊME TEMPS...

DEPUIS TOUT À L'HEURE, IL ME TIRE SES DARDS ET JE SUIS BALAFRÉ DE PARTOUT, MAIS...

C'EST VRAI QU'IL EST INDULGENT...

... IL N'A TOUCHÉ AUCUN DE MES POINTS VITAUX... PEUT-ÊTRE QU'IL VEUT ME FAIRE MOURIR À PETIT FEU...

MOI, JE SUIS COINCÉ À L'INTÉRIEUR...

IL FAUT QUE NARUTO ESSAIE DE LANCER DES ATTAQUES PAR L'EXTÉRIEUR... C'EST LE SEUL MOYEN...

CE SONT EUX, LA CLEF DE SON ATTAQUE... AUCUN DOUTE LÀ-DESSUS...

SI CE N'ÉTAIT QU'UNE SIMPLE TECHNIQUE DE CLONAGE, IL N'AURAIT PAS BESOIN D'UTILISER CES MIROIRS...

PWP

Z...!!

YO! JE SUIS VENU TE TIRER DE LÀ!

IL VIENT À LA RESCOUSSE, MAIS IL NE FAIT QU'AGGRAVER LA SITUATION...

C'EST BIEN CE QUE JE DISAIS : IL EST IMPRÉVISIBLE...

OH! HÉ! EN VOILÀ DES FAÇONS DE REMERCIER SON SAUVEUR!!

IL FALLAIT RESTER À L'EXTÉRIEUR... BON SANG! DE TOUTE FAÇON, ÇA NE SERT À RIEN DE T'EXPLIQUER!

PAUVRE DÉBILE! TU N'UTILISES DONC JAMAIS TA CERVELLE?

JE POURRAIS CRÉER QUELQUES CLONES, MAIS...

... ZABUZA FERAIT LA MÊME CHOSE ET, FINALEMENT, JE NE FERAIS QUE GASPILLER MON CHAKRA...

MAIS JE NE PEUX QUAND MÊME PAS LES LAISSER SE FAIRE TUER...

SI JE VAIS AIDER NARUTO ET SASUKE, TAZUNA SERA À LA MERCI DE ZABUZA...

ZOOZOOZOO ZOOZOOO ズズズズ

!!

PAR ICI !

OK ! J'AI REPÉRÉ L'ORIGINAL !!!

TCHAC

KATON !!

CES MIROIRS, CE SONT DE LA GLACE... IL FAUT LES FAIRE FONDRE...

C'EST... C'EST QUOI CE TRUC ?!

... IL NE RESTE PLUS QU'À DÉTRUIRE TOUS LES MIROIRS !!!

DANS CE CAS-LÀ...

PAF

PO

GLOUPS

SWITCH

IL S'EST DÉPLACÉ ?!

BROOOFFF

"BOU-
LE
DE
FEU
SU-
PRÊ-
ME"
!!!

HMM
...

LA CHALEUR
DE TA
BOULE DE
FEU N'EST
PAS ASSEZ
ÉLEVÉE
POUR FAIRE
FONDRE
MES
MIROIRS DE
GLACE!

ÇA NE
MARCHE
PAS DU
TOUT !!

!

ゴゴゴゴ

BRRROOOOO

STAC

OURGH!

GWAAAH!!!

SCHLIING

FWUP

SBLAAAM

SCRAAAA

MULTI-CLONAGE!!!

PELIH!

ARRÊTE!!!

FWAP

IL EST IMPOSSIBLE DE M'ATTRAPER. VOUS NE LE TROU-VEREZ JAMAIS À L'OEIL NU.

HUNG... IMPOSSIBLE DE SAVOIR D'OÙ PARTENT LES ATTAQUES!

IL FAUT TROU-VER L'ORI-GINAL!!

155

JE VAIS FRAPPER TOUS LES MIROIRS, COMME ÇA JE SUIS SÛR DE DÉNICHER L'ORIGINAL !!

WHEEEEEEEHH

ズッ FWUP

パ゜シャ SPLAAAASH!!

BOM ボン

BOM ボーン

BOM ボン

BOM ボン

BOM ボン

BOM ボン

！

WHAAAA!!!

SBLAAM

...ET À LA VITESSE OÙ JE ME DÉPLACE, VOUS ÊTES SI LENTS QU'ON VOUS CROIRAIT IMMOBILES.

JE ME SERS DES MIROIRS, QUI NE REFLÈTENT QUE MOI, POUR ME DÉPLACER...

HE HE HE

C'EST INCROYABLE QU'UN GARÇON SI JEUNE MAÎTRISE UNE TECHNIQUE PAREILLE...

!

C'EST BIEN CE QUE JE CRAIGNAIS

C'EST UNE TECHNIQUE HÉRÉDITAIRE !!!

!

"UNE TECHNIQUE PAREILLE"?

CE GARÇON EST ISSU D'UNE TRÈS ANCIENNE LIGNÉE... SES ANCÊTRES POSSÉDAIENT DES POUVOIRS EXTRAOR-DINAIRES...

CETTE TECHNIQUE SE TRANS-MET DE GÉNÉRATION EN GÉNÉRATION : C'EST LE SEUL MOYEN DE LA MAÎTRISER...

MAIS ALORS...

ET ALORS ?

BON SANG...

...

MÊME MOI, JE NE PEUX PAS COPIER SA TECHNIQUE... ELLE EST INVINCIBLE...

EXACT! C'EST LA MÊME CHOSE QUE MON SHARINGAN...

!

JE VEUX DEVENIR LE PLUS GRAND NINJA DE MON VILLAGE...

...POUR QUE TOUT LE MONDE RECON-NAISSE ENFIN MA VALEUR!

PAS AVANT QUE J'AIE RÉALISÉ MON RÊVE!

PAS QUESTION DE MOURIR MAINTE-NANT!

HÉ HÉ ! QUEL MISÉRABLE GAMIN !

SON RÊVE ...

!

SI TU N'AS NI ESPOIR, NI RÊVE, TU VAS CREVER COMME UN CHIEN...

PAR LES TEMPS QUI COURENT, PERSONNE NE VEUT DE TOI !

TOI QUI DIS ÇA... TU AS LA MÊME EXPRESSION DANS LE REGARD QUE MOI...

C'EST DIFFICILE POUR MOI DE DEVENIR UN VRAI NINJA...

...

... JE SUIS BIEN OBLIGÉ DE VOUS ÉLIMINER, MÊME SI ÇA VA À L'ENCONTRE DE MES SENTIMENTS.

MAIS PUISQUE VOUS ME CHERCHEZ...

... ET J'AIMERAIS AUSSI QUE VOUS NE ME TUIEZ PAS NON PLUS...

SI C'ÉTAIT POSSIBLE, JE PRÉFÉRERAIS NE PAS DEVOIR VOUS TUER...

... NOUS NOUS AFFRONTONS POUR NOS RÊVES.

EN RÉALITÉ, CE PONT EST UNE ARÈNE OÙ...

VOUS, VOUS AVEZ LES VÔTRES !

MOI AUSSI, JE ME BATS POUR MON RÊVE...

C'EST ÇA, MON RÊVE À MOI.

JE PROTÈGE LA PERSONNE QUI M'EST CHÈRE... JE TRAVAILLE POUR ELLE, JE ME BATS POUR ELLE, JE VEUX QUE SES RÊVES SE RÉALISENT...

ALORS, NE M'EN VOULEZ PAS...

... ET À VOUS TUER !

POUR CELA, JE SUIS PRÊT À DEVENIR UN VRAI NINJA...

POUR-
QUOI ?

ARRÊTE,
SAKURA ! NE
LES EXCITE
PAS
DAVANTAGE !

SASUKE ! NARUTO !
NE VOUS LAISSEZ
PAS FAIRE PAR CE
SALE TYPE !!

HE
HE
HE
HE
~

HE
HE
~

QUE...
QU'EST-
CE QUE
ÇA VEUT
DIRE ?

!

EN SUPPOSANT
QU'IL Y AIT UN
MOYEN DE BRISER
CE CERCLE DE
MIROIRS, NARUTO
ET SASUKE NE SONT, DE TOUTE
FAÇON, PAS ASSEZ
FORTS POUR
VAINCRE CE
GARÇON...

ILS NE SONT PAS ASSEZ "FORTS DANS LEUR TÊTE" POUR TUER QUELQU'UN.

CES DEUX-LÀ NE SONT PAS ENCORE CAPABLES DE SURMONTER LEURS SENTIMENTS.

... PARCE QU'ON NE PEUT PAS Y FAIRE L'EXPÉRIENCE LA PLUS IMPORTANTE POUR UN NINJA : L'EXPÉRIENCE DE TUER !

ON NE PEUT PAS FORMER DE VRAIS NINJAS DANS UN PETIT VILLAGE BIEN TRANQUILLE COMME CELUI D'OÙ VOUS ÊTES ORIGINAIRES...

MAIS CE GARÇON CONNAÎT BIEN TOUS LES TOURMENTS DU NINJA.

FWUP

•••

MAIS ALORS ! QUE VA-T-ON FAIRE, MAÎTRE KAKASHI ?

JE VAIS DEVOIR EN FINIR RAPIDEMENT AVEC TOI.

DÉSOLÉ, ZABUZA...

ÇA N'EST PAS TRÈS ORIGINAL...

HÉ HÉ... VOILÀ LE SHARINGAN...

MON SHARINGAN N'EST PEUT-ÊTRE PAS TRÈS ORIGINAL, MAIS IL A L'AIR DE T'IMPRESSIONNER QUAND MÊME... PAS VRAI, ZABUZA ?

MAIS IL N'Y AURA PAS DE TROISIÈME FOIS.

ESTIME-TOI HEUREUX : TU ES LE PREMIER À AVOIR LA CHANCE DE VOIR DEUX FOIS MON SHARINGAN...

HE HE... MÊME SI TU ME BATS, TU NE POURRAS JAMAIS VAINCRE HAKU...

HE HE HE... TU DEVRAIS SAVOIR QU'UN NINJA...

...DOIT UTILISER SA MEILLEURE TECHNIQUE AVEC PLUS DE CIRCON-SPECTION.

JE LUI AI ENSEIGNÉ TOUTES LES TECHNIQUES DE COMBAT, DE FOND EN COMBLE.

JE LUI AI TOUT APPRIS DÈS LE PLUS JEUNE ÂGE !

CET ÉTRANGE GARÇON SERAIT DONC PLUS FORT QUE MAÎTRE KAKASHI ?

MAÎTRE... !

CE SONT LES TERRIFIANTES CAPACITÉS DE SES POUVOIRS HÉRÉDITAIRES !

DE PLUS, SES TECHNIQUES SURPASSENT MÊME LES MIENNES !

IL EST CAPABLE DE FAIRE ABSTRACTION DE SES SENTIMENTS, ET MÊME D'ABANDONNER L'IDÉE DE SURVIVRE. IL DEVIENT ALORS UNE VÉRITABLE MACHINE À TUER, UN VRAI NINJA !

MÊME DANS LES PIRES SITUATIONS, IL A TOUJOURS RÉUSSI À PRODUIRE DES RÉSULTATS SURPRENANTS.

SWAAFF

C'EST AUTRE CHOSE QUE CES MISÉRABLES AVORTONS QUE TU TRIMBALLES AVEC TOI !

EN LE FORMANT, JE ME SUIS DOTÉ D'UNE ARME INCOMPARABLE.

?!

JE ME SOUVIENS BIEN DE CE QUE TU AS DIT LA DERNIÈRE FOIS...

ALLONS... TOI AUSSI, IL T'ARRIVE DE TE VANTER.

?

...

HÉ HÉ HÉ... MAINTENANT MON TOUR EST VENU DE PRONONCER CES PAROLES. J'ATTENDAIS CE MOMENT AVEC IMPATIENCE !

!

VOILÀ CE QUE TU AS DIT...

"... TU NE M'AURAS PAS DEUX FOIS AVEC LA MÊME TECHNIQUE !"

"JE TE PRÉVIENS..."

SMILE

... LE MÉCANISME GROSSIER DE TON ŒIL !

J'AI DÉJÀ COMPRIS...

!

PENDANT CE TEMPS, HAKU ÉTAIT CACHÉ ET ÉPIAIT NOTRE COMBAT.

C'EST LA FIN...

UUNGH !

NE CROIS PAS QUE, LORS DE NOTRE PRÉCÉDENT AFFRONTEMENT, JE ME SUIS LAISSÉ TABASSER POUR RIEN.

DISSIMU-LATION BRUMEUSE !!!

NINPO !!!

HAKU EST AUSSI TRÈS INTELLIGENT... IL LUI SUFFIT DE VOIR UNE TECHNIQUE UNE FOIS, POUR L'ANALYSER... ET ÉLABORER UNE PARADE !

!

SES RÉSERVES DE CHAKRA NE DOIVENT PAS ÊTRE INFINIES ! IL FINIRA BIEN PAR S'ÉPUISER !

ON NE POURRA PAS ÉVITER QUELQUES BLESSURES. TÂCHE SIMPLEMENT DE NE PAS TE FAIRE TOUCHER UN POINT VITAL !

RELÈVE-TOI ET FERME-LA ! J'AI PAS LE TEMPS DE M'OCCUPER DE TOI !

SASUKE ! ON NE VA PAS PASSER NOTRE TEMPS À ESQUIVER LES COUPS, QUAND MÊME !

UNGH...

HAA... HAA...

STAC

HH'N

HH

WOOOSH

LE VOILÀ !

Plaashh

fwap

FWUP

ET FAIRE CE QUE J'AI À FAIRE!

D'ACCORD... JE DOIS FAIRE CONFIANCE À SASUKE...

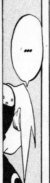

...

!

SAKURA! OCCUPE-TOI DE TAZUNA!

OK! SAKU-RA!

FTAP

L'ENNEMI NE PLAISANTE PAS!

RESTEZ PRÈS DE MOI, TAZUNA!

QUEL MÉGA-BROUILLARD! ON N'Y VOIT RIEN DU TOUT...

MÊME LUI NE DOIT RIEN Y VOIR...

CE BROUILLARD EST VRAIMENT TROP ÉPAIS POUR QUE CE SOIT UNE TECHNIQUE DE ZABUZA...

シュルルル FWSSHHHH

シュルルル
FWSSHHHH

！

CLING
キン

キン
CLING

キン
CLING

CLING
キン

CLING

キン

OH
!!!

CLING
キン

キン
CLING

キン

CLING

！

FWOOSH

スッ

BRAVO ! TU AS
PARÉ TOUS MES
SHURIKENS...
VRAIMENT TRÈS
FORT !

IL FERME LES YEUX !!

MAIS LA PROCHAINE FOIS QUE TU ME VERRAS, C'EST QUE TA DERNIÈRE HEURE AURA SONNÉ...

TU AS SURESTIMÉ LE POUVOIR DE TON SHARINGAN.

スス゚ウ…

FWWW

HE HE HE...

COM-MENT...

FWWP

スウ…

MAIS TU T'ES DÉJÀ TROMPÉ DANS TON PRONOSTIC.

OUI... ET JE VOIS TA MORT ARRIVER!

... MAIS EST-CE QUE TON OEIL TE PERMET DE VOIR L'AVENIR?

TU TE PRENAIS POUR UN DIEU, PARCE QUE TU POUVAIS LIRE LES PENSÉES DES AUTRES...

TON SHARINGAN N'EST QU'UN ARTIFICE QUI PERMET DE LE FAIRE CROIRE!

KAKASHI... TU NE PEUX LIRE, NI DANS MON COEUR, NI DANS L'AVENIR.

ET, BIEN SÛR, TU TE COMPORTES EXACTEMENT COMME SI TU POUVAIS VOIR L'AVENIR.

EN UTILISANT CES DEUX CAPACITÉS, TU ANALYSES D'ABORD LA POSTURE DE L'ADVERSAIRE, PUIS TU LIS SES PENSÉES, ET ENFIN, TU REPRODUIS SA TECHNIQUE...

EN DEUX MOTS, TU NE FAIS QU'UTILISER LE DÔJUTSU* EN COMBINANT UNE TECHNIQUE SCRUTATRICE ET UNE TECHNIQUE D'HYPNOTISME...

* ART D'UTILISER LES PUPILLES

HUUNG!!!

STAC

EN ME DISSIMULANT DANS CET ÉPAIS BROUILLARD, JE NEUTRALISE TON ŒIL SCRUTATEUR.

!

C'EST PLUTÔT SIMPLE DE TE CONTRE-CARRER.

JE N'AI PAS LE TEMPS DE RÉAGIR AVEC TOUT CE BROUIL-LARD!

NON!!!

ZAA

ZAA

LUUINGH!

ZAA

HÉ HÉ... ET EN GARDANT LES YEUX CLOS, JE ME PROTÈGE DE TES TENTATIVES D'HYPNOTISME EN COMBAT RAPPROCHÉ.

SCRRRAAA

QUOI ?

AS-TU DÉJÀ OUBLIÉ ?

TU NE PEUX RIEN VOIR SI TU FAIS ÇA...

MAIS COMMENT EST-CE POSSIBLE ...?

JE PEUX REPÉRER MA CIBLE UNIQUEMENT GRÂCE AUX SONS QU'ELLE PRODUIT!

BON SANG! ALORS QUE SASUKE ET NARUTO SONT EN DANGER...

... JE ME RETROUVE, MOI AUSSI, DANS UNE SITUATION PÉRILLEUSE!

OÙ ZABUZA VA-T-IL LANCER SA PREMIÈRE ATTAQUE?

JE DOIS RÉFLÉCHIR CALME-MENT...

184

C'ÉTAIT LA VOIX DE SAKURA ! QUE S'EST-IL PASSÉ LÀ-BAS ?!

ET QUE FAIT MAÎTRE KAKASHI ?

HAA

!!!

 GNUP

SES YEUX SE SONT ÉTRANGE-MENT HABITUÉS À MA VITESSE...

HAA

IL FAUT QUE JE FASSE QUELQUE CHOSE !

SI ÇA CONTINUE COMME ÇA, CELA VA MAL FINIR !

HAA

IL ESSAIE MÊME DE PROTÉGER SON AMI... J'AI BIEN L'IMPRESSION QUE...

JE VISE SES POINTS VITAUX, MAIS IL PARVIENT À ÉVITER MES DARDS...

...EST PARVENU À DÉJOUER MA TECHNIQUE !...

...CE GARÇON...

NARUTO FAÇON RÉALISTE

27ᵉ ÉPISODE:

LE RÉVEIL DE LA BÊTE...

UUH...

JE N'ARRIVE PAS À TOUCHER SES POINTS VITAUX!

IL RÉAGIT À UNE VITESSE FORMIDABLE!

TU ES TRÈS AGILE...

FÉLICITA-TIONS...

FWASH

FWIP

... TU DOIS ÊTRE À BOUT DE FORCES !!!

TU AS TELLE-MENT FAIT APPEL À TES MUSCLES ET À TES RÉFLEXES QUE...

... MAIS IL EST TEMPS DE TE PORTER LE COUP DE GRÂCE !

...ET RÉAGIR !!!

ME CON-CEN-TRER...

JE DOIS GARDER MON SANG-FROID...

IL PRÉPARE SON ATTAQUE !

WAAASHH

 C'EST IMPOSSIBLE ...!!

IL A ANTICIPÉ MON ATTAQUE!

SBLAAM

189

ZAAAM

TOI AUSSI, TU POSSÈDES DES POUVOIRS HÉRÉDITAIRES...

C'EST INCROYABLE!!

DEUX... SHARINGANS ?!

SES YEUX ...!!

AVEC CETTE TECHNIQUE, ME DÉPLACER REQUIERT ÉNORMÉMENT DE CHAKRA, ET MES RESSOURCES NE SONT PAS INÉPUISABLES.

IL VA DONC FALLOIR QUE J'ABRÈGE LE COMBAT...

C'EST STUPÉFIANT! SES POUVOIRS S'ÉVEILLENT EN PLEINE BATAILLE...

J'AI PU LE VOIR L'ESPACE D'UN INSTANT!!

SON SHARINGAN N'EST PAS ENCORE TOUT-À-FAIT AU POINT, MAIS...

PLIC
PLIC

WHAAAM

MAÎTRE
KAKASHI!!

HUUGAH!

TON ESPRIT
ÉTAIT-IL
EMBRUMÉ
PAR LE SOUCI
DE SECOURIR
TES DEUX
ÉLÈVES ?

TU AS ÉTÉ
UN PEU
TROP LENT
À RÉAGIR,
KAKASHI !

TU NE PEUX PLUS LIRE MES MOUVEMENTS AUSSI RAPIDEMENT QU'AVANT.

TON OEIL DEMONIAQUE N'EST PLUS D'AUCUNE UTILITE CONTRE MOI.

NE T'INQUIÈTE PAS POUR LES DEUX GAMINS, HAKU AURA BIENTÔT FINI AVEC EUX.

TANT QU'À SE BATTRE, AUTANT QUE CE SOIT AMUSANT!

HÉ HÉ HÉ... FAIS DONC UN EFFORT, KAKASHI!

カチャ TCHAC

HÉ HÉ HÉ~ AH AH AH AH AH!!!

...

...

UNE FOIS EN ENFER, TU POURRAS LEUR PRESENTER TES EXCUSES POUR NE PAS AVOIR ÉTÉ CAPABLE DE LES SAUVER!

ET JE VAIS T'ENVOYER LES REJOINDRE SANS PLUS TARDER!

YEAAAAH!!

ET NARUTO NON PLUS!!

SASUKE NE VA PAS SE LAISSER BATTRE SI FACILEMENT!!

YEAAAAH!!

YEAAAAH!!

YEAAAAH!!

YEAAAAH!!

!

...

ELLE A RAISON...

SASUKE EST LE DESCENDANT DE LA PLUS GRANDE LIGNÉE DE NINJAS DU VILLAGE KONOHA!

JE LEUR FAIS ENTIÈREMENT CONFIANCE. NARUTO EST IMPRÉVISIBLE ET...

194

TOUT JUSTE!

SON NOM EST SASUKE UCHIWA.

!!

TU VEUX DIRE QUE...

IL EST NÉ POUR DEVENIR UN ILLUSTRE NINJA!!

LE SANG DE LA FAMILLE UCHIWA COULE DANS SES VEINES...

NUL N'A JAMAIS RÉUSSI À PASSER OUTRE...

SA TECHNIQUE SECRÈTE EST INVINCIBLE...

MAIS ON PEUT EN DIRE AUTANT DE HAKU!

FWUUUSH
スゥ...

FWUP
スッ

ÇA EXPLIQUE POURQUOI IL EST SI FORT POUR SON ÂGE...

C'EST LE DESCENDANT DE CETTE FAMILLE AU DESTIN TRAGIQUE...

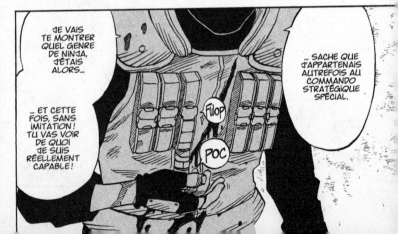

SASUKE ! TU M'AS...

NARUTO... T'ES VRAIMENT LE ROI DES BOULETS...

IL A PRIS LES COUPS À MA PLACE... POUR ME PROTÉGER?!

POUR... POUR-QUOI EST-CE QUE TU...

...

T'AS L'AIR... ENCORE PLUS AHURI... QUE D'HABI-TU... DE...

FAIS PAS CETTE TÊTE-LÀ...

IL FALLAIT ME LAISSER ME DÉBROUIL- LER!!

PLOC

POUR- QUOI...

M'AS TU PROTÉ- GÉ...?

SA... SASUKE...

C'EST... MON... CORPS QUI A... AGI TOUT SEUL... CRÉTIN...!

FERME- LA...

CLOURB

BLAM !

!

FWIP

C'EST LA DURE RÉALITÉ DE LA VIE DES NINJAS...

C'EST LA PREMIÈRE FOIS QU'UN AMI MEURT SOUS TES YEUX, N'EST-CE PAS...?

FNUP ズッ

SASUKE... MOI NON PLUS, JE NE POUVAIS PAS TE PIFFER...

FER-ME-LA!

...

!

...MAIS CE TYPE VA PAYER POUR TA MORT!

HUNTER × HUNTER

ハンター ハンター

de Yoshihiro Togashi

L'imagination au pouvoir...

Gon, doit passer l'examen des hunters s'il veut retrouver son père. Devenir un aventurier moderne n'est pas toujours de tout repos. Les étapes se multiplient et avec l'aide de ses amis, il fera découvertes sur découvertes. De la grande aventure pleine de rebondissements !